宜昌博物馆

馆藏文物图录

Cultural Relics Collection of Yichang Museum

宗教民俗卷

宜昌博物馆　编

文物出版社

图书在版编目（CIP）数据

宜昌博物馆馆藏文物图录. 宗教民俗卷 / 宜昌博物馆编. ––

北京 : 文物出版社. 2019.7

ISBN 978-7-5010-6176-1

Ⅰ. ①宜… Ⅱ. ①宜… Ⅲ. ①文物－宜昌－图集②宗教－文

物－宜昌－图集③风俗习惯－文物－宜昌－图集 Ⅳ. ①K872.633.2

中国版本图书馆CIP数据核字(2019)第112307号

宜昌博物馆馆藏文物图录·宗教民俗卷

Cultural Relics Collection of Yichang Museum

编　　者	宜昌博物馆
责任编辑	李　睿　宋　丹
责任印制	张　丽
装帧设计	李　兵　唐凛然
出版发行	文物出版社
地　　址	北京市东直门内北小街2号楼
邮　　编	100007
网　　址	www.wenwu.com
邮　　箱	web@wenwu.com
印　　刷	北京雅昌艺术印刷有限公司
经　　销	新华书店
开　　本	889mm×1194mm　1/16
印　　张	11
版　　次	2019年7月第1版
印　　次	2019年7月第1次印刷
书　　号	ISBN 978-7-5010-6176-1
定　　价	218.00元

前言

民俗文物是指一个文化地理区域内，以前或者现在还生活着的地方族群使用和利用的传统民俗物品及各类文化之源。它包括有形文物如民居、绘画、服饰、工艺品等，无形文物如表演、音乐等。

宜昌博物馆馆藏民俗文物精彩纷呈，既有农耕文化中的春播、夏种、秋收、冬藏的生产工具，也有与人生中的生育、婚嫁、祝寿、丧葬密切相关的民俗文物，还有民居建筑中的木雕构件、石雕石刻、家具陈设、镇宅神氏、佚奉神像等文物。除此之外，与其他地区馆藏民俗文物不同的是，宜昌是我国中部地区西接川蜀云贵的要道，也是长江中上游的分界线和进出长江三峡西端的门户，因而宜昌博物馆收藏了一批十分珍贵的佛造像文物。这批佛造像包括一级文物1件、二级文物7件、三级文物24件，成为我馆馆藏文物中的亮点之一，在长江流域的地市级博物馆中独具特色，我馆因此也是湖北省地市级博物馆中收藏佛造像文物最多的博物馆。

为何在三峡宜昌地区有如此多的佛造像文物出现，且其中藏传佛造像所占比例较汉传佛像更大？有人认为这是由于藏传佛教文化在鼎盛之际沿川蜀岷江东进至三峡，前沿进至宜昌，故而在三峡宜昌地区出现、保存了较多的藏传佛造像。也有人认为因宜昌是长江中上游重要的货物集散地码头，是中部为陆地区包括佛造像等工艺品在内的东、西货物的交换地，故而有大量佛造像留存。不论哪种情况，这批佛造像文物都是研究三峡宜昌地区的珍贵实物资料。我们将其中的藏传佛教中的祖师造像"宗喀巴"、本初佛像中的"大持金刚"与"金刚萨埵"、本尊中的"上乐金刚"与"密集金刚"、般若佛中的"释迦牟尼佛"、藏东地区的"四臂观音"、"十一面观音"、"文珠菩萨"、护法中的"大黑天"佛像座以及汉传佛教中的"阿弥陀佛"、"无量寿佛"、"无量光佛"、"观音菩萨"等32件具有代表性的佛造像文物进行刊印，为佛教文化研究者提供研究素材与历史信息，将功莫大焉。

馆藏木雕造像（型）文物研究是传承物质文化遗产和非物质文化遗产保护的一项重要工作，近几年宜昌博物馆在民俗文物的征集收藏方面做了大量工作，这一过程历经曲折，针对民俗文物定位难、定名难、标准把握不易等问题，我们查阅了大量资料，力求准确无误的展示文物背后的故事。

宜昌地区木雕造像（型）是人们祈求生存、繁衍、吉祥的媒介，在民居、宗祠、寺庙等建筑中以门窗、梁柁、斗拱、床眉、雀替、插屏等形式较为普遍地保存，其雕刻作品大多来自民间神话传说、寓言、瑞兽、百鸟、人物、花卉等，他们利用夸张变形的手法，将各种形象刻画的惟妙惟肖、栩栩如生。

馆藏木雕造像（型）优美，层次分明，错落有致，大多采用写实的表现手法，也有些木雕造型夸张，极富表现力，其雕刻技法精湛圆熟，形式多样，主要包括：浅浮雕、深浮雕、透雕、圆雕、镂空雕、划刻等，其中以浮雕居多，部分木雕运用镂空雕和圆雕相结合的手法，因材施艺，加强了空间感，构成丰满的多层次深浮雕艺术作品，如金粉彩绘木雕善财童子像、彩绘木雕送子观音像、透雕龙凤戏鲤鱼漆木窗、透雕金漆仙鹤瑞兽雀替、彩绘官仕纹床眉等，是不可多得的民俗文物精品。

三峡宜昌地区（含清江、鄂西南地域），留存下来的面具形式多样，有傩戏面具、跳绳面具、悬挂面具、戏曲面具等，其功能大致可以分为两大类：一是表演面具，在傩戏表演中佩戴；二是悬挂面具，如吞口等。吞口是悬挂在玄关门楣上的一种木雕彩绘人面或者怪兽面具，它是民间傩戏面具的一种变异，起源于图腾崇拜和原始巫教，是古代图腾文化与巫文化相结合的产物。在宜昌，特别是清江流域土家族地区，人们视"吞口"为保护神，认为其有镇宅、辟邪、逐鬼、平安、纳福的功能，故而旧日家家制作吞口悬挂于门楣用以辟邪。

宜昌博物馆馆藏傩戏面具多以写实为主，夸张为辅，制作精致、布局均衡、造型独特，给人以强烈的视觉冲击力，显示出古朴、粗犷之美。在表现手法上主要以五官变化和装饰来展现凶猛、狰狞、正直、刚烈、善良、滑稽、奸诈等各类性格的形象。

馆藏清江流域土家族自治区域的吞口造型，基本以凶神恶煞的形象出现，以多种鲜艳的颜色涂绘，形式多样，如虎形、猪首、兽面、彩绘人形等。这些吞口的普遍特征为凸眼、大耳、獠牙、宽鼻、咧嘴等。我们遴选出13件造型各异、制作有精有简、或彩绘或素面的"吞口"木雕实物，它们折射出来的民俗观念、信仰传承等民俗文化内容丰富，是了解、研究三峡宜昌和鄂西南土家族地区民族历史文化的珍贵实物资料。

家具陈设与生活用具，是我馆为开展社会教育、还原历史生活场景、追寻历史记忆，留住文化脉络而征集收藏的一批民俗文物。其中既有用材简陋、制作简单的劳动工具，如犁、耙、耖、风斗、升斗等；也有选材考究，制作精细的制造工具、生活用具，如鞋耙器、雕花床、洗脸架、春台、神龛、花轿等；既有一些精美典雅的摆件，如插屏、挂屏、楹联等；也有一些实用的生活器具，如化妆盒、提盒、木盒、木盘等。我们选择其中20余件予以刊印，以飨读者，工作辛劳之余，以养眼目。

皮影造像和表演用具实物，是宜昌博物馆民俗文物收藏中的又一亮点。目前我馆收藏有三套戏班的全套皮影造像共计400余件（套），表演辅助用具 100 余件（套），锣鼓家什等乐器 2 件套，其中还有大量皮影场景道具（如楼台亭阁造型、升堂办案的桌椅、渔船、轿子等）、动物造型道具（如麒麟、飞龙、狮子、大象、凤凰、梅花鹿、虎、黄牛、乌龟等）、武器道具（如枪、矛、盾等）。形象生动，做工精细，完美展现出雕刻艺人的高超技艺。

在馆藏皮影道具中有 1 件双面写满戏剧曲目的剧目牌。其发现、征集、收藏，是了解、研究三峡宜昌地区戏曲表演，流传的珍贵资料。另外，我馆还收藏了一些虽不成套，但尚可进行陈列展示、社会教育服务的皮影造像实物、锣鼓家什用具等 80 余件（套）。

皮影戏是中国传统民间工艺与传统戏曲相融合的一种民间戏剧表演，它是我国非物质文化遗产之一，有着悠久的历史文化底蕴。皮影艺术对于研究我国民俗文化具有重要作用，有利于推动我国民俗文化的繁荣发展。

宜昌皮影造像在雕刻和绘画上独树一帜，通过皮影艺术的深入挖掘，能够更深层次的对绘画艺术和雕刻艺术形式进行研究，从而推动工艺美术文化的发展。

宜昌皮影主要分布在宜昌地域内的夷陵区、秭归县、远安县、当阳市等地区，各地的皮影戏剧目、唱腔等也各具特色。他们在皮影文化发展的过程中相互交流、相互融合，从而形成风格各异的方言唱腔，通过对方言唱腔文化的深入了解、研究，对宜昌各地方言的发展、传承有着重要意义。

我馆还藏有其他民俗文物千余件，一些民俗文物有亮点，但质量、材质不佳，且不易保存。有些因地域的不同，同款的物件叫法不尽相同，有些民俗物件大家不仅不认识、更不知道其使用方法。有些民俗物件有特色，但不普及，如部分山区民间使用的物件，平原地区根本没有出现过，平原地区有的物件，在山区又是稀罕之物。所以，我们在广泛征集的基础上，通过不断遴选、商议，最终选择部分有代表性的精品编排出版，因见识的浅陋，难免会有错误和不足之处，敬请方家谅解！

张清平

目录

家具　

生活用具　

石雕石刻

皮影

造像

永乐款文殊菩萨鎏金铜像

一级文物

明

通高 15.2 厘米，座宽 9.7 厘米

原宜昌市文物处征集

高髻，戴冠，面目慈悲，圆形花瓣状耳珰。上身披璎珞，下身着短裙。双手牵莲枝，沿双臂而上，左臂莲花上置般若经。全跏趺坐，束腰莲花底座。座前台面上有"大明永乐年施"款，为明代宫廷造像。

文殊菩萨是佛陀怗恃之一，又称法王子，是大智慧的象征。其形如童子，一般右手持金刚宝剑（表示智能之利），能斩群魔，断一切烦恼，左手持青莲花，花上有金刚般若经卷宝，象征所具无上智慧。

无量佛鎏金铜像

清

通高 18.5 厘米，座宽 11.8 厘米

原宜昌市文物处征集

头戴五叶冠，高髻，耳后束发缯带自然飘落，轻盈优雅。胸前缀璎珞。双手施禅定印，全跏趺坐。束腰莲花底座，莲瓣饱满。

无量佛鎏金铜像

头戴五叶冠，高髻，圆形花朵式耳珰。身披璎珞项链，双手施禅定印，全跏趺坐。束腰莲花底座。

清

通高 16.5 厘米，座宽 11.6 厘米

原宜昌市文物处征集

无量佛铜像

清

通高 10 厘米，座宽 7 厘米

原宜昌市文物处征集

头戴五叶冠，头顶宝瓶和发髻脱落，圆形花朵式的耳珰。双手施禅定印，全跏趺坐。束腰莲花底座。

无量佛泥金铜像

清

通高 13.8 厘米，底座宽 7.3 厘米

原宜昌市文物处征集

头戴三叶冠，高髻宝珠，双手施祥定印，全跏趺坐。莲花座较高。

无量佛鎏金铜像

头戴五叶冠，头顶宝瓶残缺。双手施禅定印，全跏趺坐。束腰莲花底座。

清

通高 16.7 厘米，座宽 11.3 厘米

原宜昌市文物处征集

无量佛鎏金铜像

清

通高 10.9 厘米，座宽 7.9 厘米

原宜昌市文物处征集

头戴五叶冠，高髻。双手施禅定印，全跏趺坐。束腰莲花底座。

无量佛鎏金铜像

清

通高 10.9 厘米，座宽 7.7 厘米

原宜昌市文物处征集

头戴五叶冠，高髻，髻顶宝瓶缺失。双手施禅定印，全跏趺坐于束腰莲花底座上。

无量佛鎏金铜像

清

通高 14.4 厘米，座宽 10 厘米

原宜昌市文物处征集

头戴五叶冠，高髻宝瓶，双手施禅定印，全跏趺坐，束腰莲花座。

密集金刚鎏金铜佛像

清

通高 17 厘米，座宽 11.2 厘米

原宜昌市文物处征集

三面六臂，头戴五叶菩萨冠，全跏趺坐，拥抱明妃，明妃上半身缺失，手持法器仅剩一个。束腰莲花底座。

药师佛鎏金铜像

清

通高 22 厘米，座宽 15.4 厘米

原宜昌市文物处征集

螺发，肉髻，鼻梁修直，鼻翼窄瘦，表情肃穆。身着袒右肩式袈裟，阴线刻画衣衫纹饰，左手托药钵缺失，右手施与愿印，旁为药树枝。全跏趺坐于束腰莲花座上。

药师佛又称药师琉璃光如来，为东方净琉璃世界之教主。据称，若有人身患重病，生命垂危，临终时，昼夜尽心供养礼拜药师佛，读诵药师如来本愿功德经可以痊愈，生命无忧。但他也并非局限于此十分功利现世利益的工作，仍然履行着佛教众神共同的职责，即救被众生出离地狱恶趣，转生佛国，所以备受广大信徒的供奉，自古即盛行不衰。

药师佛鎏金铜像

清

通高 17 厘米，座宽 11.4 厘米

原宜昌市文物处征集

螺发，肉髻。着袒右肩式袈裟，阴线刻画衣衫纹饰。左手托药钵缺失，右手缺药树或药果。全跏趺坐于束腰莲花座上。

阿弥陀佛漆金铜像

清
通高 26.9 厘米，座宽 16.6 厘米
原宜昌市文物处征集

螺发，高髻，双耳下垂，面目慈祥。身披袈裟，双手施印，全跏趺坐。束腰莲花底座后刻有"囗成仲田士信宫店囗"字样。

阿弥陀佛为西方极乐世界之教主，系法界藏身，念一佛即等同无量佛功德。他与观音菩萨、大势至菩萨在西方极乐世界合称"西方三圣"。大乘佛教各宗派普遍接受阿弥陀佛，净土宗则以专心信仰阿弥陀佛为特色。

阿弥陀佛鎏金铜像

清

通高 34.1 厘米，座宽 26 厘米

原宜昌市文物处征集

螺发，面目慈祥饱满。身披袈裟，衣纹精美细致，胸前阴刻"卍"字符号。双手施禅定印，全跏趺坐，底座缺。

四臂观音铜佛像

清

通高 16 厘米，座宽 11.2 厘米

原宜昌市文物处征集

头戴五叶菩萨冠，高髻，髻顶残。额间白毫突出，面庞丰满慈祥。两主臂施礼敬印，指尖残；另两臂施说法印，两臂所持法器残。全跏趺坐于束腰莲花底座上。

四臂观音鎏金铜佛像

清

通高 15.6 厘米，座宽 11.8 厘米

原宜昌市文物处征集

头戴菩萨冠，双目紧闭，面容慈祥。衣饰上阴刻精美花纹，项链镶嵌宝石，大部分残缺。两主臂施礼敬印；另两臂施说法印，两臂皆持法器，指尖及法器残。全跏趺坐于束腰莲花底座上。

释迦牟尼铜佛像

清

通高 11.5 厘米，座宽 7.7 厘米

原宜昌市文物处征集

螺发，高髻，着袒右肩式袈裟，左手施禅定印，右手施触地印。跏趺坐于束腰重瓣莲花座上。身后配高大的葫芦形背光。底座中央阴刻十字交杵图案，是明显的 17 世纪后期西藏扎什琍玛像特征，应为西藏进贡佛像。

释迦牟尼鎏金铜佛像

清
通高 14.5 厘米，座宽 9.9 厘米
原宜昌市文物处征集

螺发，高髻，面庞丰满，着袒右肩式袈裟，左手施禅定印，右手施触地印。全跏趺坐于束腰莲花座上。

释迦牟尼鎏金铜佛像

清

通高 11.5 厘米，底座宽 8.6 厘米

原宜昌市文物处征集

螺发，高髻，面庞丰满，着袒右肩式袈裟，左手施禅定印，右手施触地印。全跏趺坐于束腰底座上，底座上部作莲花形，下部饰金刚杵图案。

释迦牟尼鎏金铜像

清

通高 15 厘米，座宽 9.4 厘米

原宜昌市文物处征集

螺发，高髻，双目睁开，鼻梁粗大，面庞丰满。着袒右肩式袈裟，左手施禅定印，右手施触地印，全跏趺坐于束腰重瓣莲花座上。

释迦牟尼鎏金铜佛像

清

通高 14.8 厘米，座宽 10.5 厘米

原宜昌市文物处征集

螺发，高髻。着袒右肩式袈裟，左手持钵，右手施触地印。跏趺坐于束腰莲花座上。

不空成就佛铜像

清

通高 21.4 厘米，座宽 14.1 厘米

原宜昌市文物处征集

头戴五叶冠，双目细长，笑容古拙，项链繁复。左手施禅定印，右手施说法印，全跏趺坐于束腰莲花底座上。

不空成就佛是五方佛的一员，居北方，羯磨杵（交杵）为其特征，是羯磨部众神的主尊，代表佛法与众生事业成就圆满。

宗喀巴铜佛像

清

通高 16.5 厘米，座宽 12 厘米

原宜昌市文物处征集

头戴黄色通人冠，双手施转法轮印，各牵莲枝，莲花在肩头开敷。右肩莲花上供智慧剑，左肩莲花上供梵箧，全跏趺坐于束腰莲花底座上。

宗喀巴是西藏格鲁派（黄教）的创立者，也是藏传佛教界最为重要的宗教改革家，精神领袖之一，被藏族人民誉为"第二佛"。宗喀巴大师的传记中提到他是文殊菩萨的化身，所以头戴通人冠的祖师，具文殊特征者，往往被认定为宗喀巴大师。

宗喀巴鎏金铜佛像

清

通高 16.8 厘米，座残宽 7.6 厘米

原宜昌市文物处征集

头戴黄色通人冠，双手施转法轮印，双臂各牵莲枝，全跏趺坐于束腰莲花底座上。

宗喀巴鎏金铜佛像

头戴黄色通人冠，双手施转法轮印，全跏趺坐于束腰莲花底座上。

清

通高 16.5 厘米. 座宽 11.8 厘米

原宜昌市文物处征集

金刚萨埵鎏金铜佛像

清

通高 15.9 厘米，座宽 11 厘米

原宜昌市文物处征集

高髻，髻顶残缺，五叶冠变形。身披璎珞，右手所持金刚杵缺失，左手持铃缺铃柄，全跏趺坐于束腰莲花座上。

上乐金刚泥金铜佛像

清
通高 18.1 厘米，座宽 13.7 厘米
原宜昌市文物处征集

四面十臂，正面二臂残，明妃缺。另外几臂分别持象皮、嘎布拉碗、金刚索等。骷髅和人首垂至双腿间。右脚踏威罗瓦，左脚踏黑夜女神。莲座表面平坦，莲瓣肥厚。

上乐金刚是藏传佛教无上瑜伽部母续最重要的本尊之一，为双身像，拥抱着明妃，主臂二手持铃、杵，其余各手持骷髅炮、钺刀、绳索等，是藏传佛教寺院重要的修法本尊之一。

吉祥天母鎏金铜佛像

清
通高 10.1 厘米
原宜昌市文物处征集

蛇形卷曲的红色头发，正面有月牙，月牙上有孔雀翎，三目圆睁，火焰形眉，口中咬人身，右耳珰以狮装饰，左耳珰以蛇装饰。右手持金刚杖缺，左手托装满人血的嘎布拉碗。骑坐在骡子上。骡子扭头，右耳及左后腿残缺。骡臀部有一只眼睛，骡身披人皮，一头悬于腹下。骡前腿挂瘟疫口袋，下面是红药袋和骰子。缺底座。

吉祥天母是藏传佛教神系中最重要的女护法神，也是第一财富女神。她是拉萨城和达赖喇嘛的守护神，是印度教女神 Shri Devi 在藏传佛教中的愤怒化身。在藏密中，吉祥天母极受崇奉，影响深远。

喜饶坚赞铜佛像

清

通高 16.7 厘米，座宽 10.5 厘米

原宜昌市文物处征集

垂耳，身披袈裟，右手施说法印，左手法器缺失，全跏趺坐。矮方座外撇，上饰莲花、卷云纹与菱形纹。

上乐金刚铜佛像座

清

通高 10.4 厘米，长 34.3 厘米

原宜昌市文物处征集

为上乐金刚底座，缺尊神。座面上有两位印度教低级像，可能是威罗瓦和黑夜女神，均戴五叶冠，四臂，手持法器。底座侧面饰两层莲瓣。

大黑天鎏金铜佛像座

清

通高 4.1 厘米，长 12.9 厘米

原宜昌市文物处征集

为大黑天底座，缺尊神。毗那耶迦象鼻直立，右手持嘎布拉碗，左手持胡萝卜于头顶。底座侧面饰莲瓣。

大黑天鎏金铜佛像座

清
通高 6.9 厘米，长 25.6 厘米
原宜昌市文物处征集

为大黑天底座，缺尊神。毗那耶迦象鼻侧歪，右手持嘎布拉碗，左手持胡萝卜于头顶。底座侧面饰莲瓣。

罗汉坐像石雕

清

通高 81 厘米

宜都市征集

睁眼，坐姿，双手置于膝上，方形底座，正面有阴刻题款"信善张兴……心装塑……大清乾隆五十三年"。

罗汉坐像石雕

清
通高 70 厘米
宜都市征集

眼微睁，双手施禅定印，全跏趺坐，方形底座。

罗汉坐像石雕

清

通高 81 厘米

宜都市征集

闭眼，胸前挂一串佛珠，坐姿，双手置于膝上，方形底座，正面阴刻题款"……罗汉一尊"。

金粉彩绘木雕玉女像

清

通高 91 厘米

宜都市征集

金粉木雕。立姿，右手施印于胸前，左手托瓶残缺，身披飘带。束腰莲花底座。

金粉彩绘木雕善财童子像

清

通高 93 厘米

宜都市征集

金粉木雕。立姿，双髻，双手合十于胸前，右腿微屈向前，身披飘带下垂至底。束腰莲花底座。

木雕观音像

清

通高 172 厘米

远安县征集

立姿，高髻，戴冠，身披璎珞，左手持净瓶，右手施说法印，立于束腰莲花底座上。

送子观音彩绘木雕像

清
高 59.4 厘米，宽 20.2 厘米，厚 13 厘米
长阳县征集

彩绘木雕，上部一尊小佛，中部为送子观音坐于莲花上，莲花下又有一莲花座，座前一周围栏，围栏正面饰花卉纹。

龙首木吞口

清
高 42 厘米，宽 26 厘米，厚 12 厘米
宜都市征集

龙首形，双角，额头饰一圆形，火焰形眉，瞪眼，张口吐舌，獠牙交错，眼球下与口部镂空。

吞口是云、贵、川、湘等省一些少数民族地区挂在门楣上用于驱邪的木雕，形象以兽头为主，也有人兽结合者。

虎首木吞口

清
高 33 厘米，宽 18.6 厘米，厚 11.6 厘米
宜都市征集

虎首形，双耳直立，额头一出头"王"字，瞪眼，宽鼻，咧嘴露出獠牙。

木吞口

清

通高 36.5 厘米，宽 31.5 厘米，厚 8.5 厘米

宜都市征集

头戴道冠，冠前饰一八卦纹，瞪眼，咧嘴，口衔一剑。

虎首独角木吞口

清
高 42 厘米，宽 29.2 厘米，厚 14 厘米
宜昌城区征集

整体为一略近方形的虎首，独角，额头一"王"字，黑眼圆瞪，宽鼻，虎口大张露出獠牙。

猪首木吞口

清
高 54.5 厘米，宽 61 厘米，厚 26.5 厘米
宜都市征集

圆底，正面为一圆雕猪首，大耳外张，瞪眼，宽鼻，张口。器表施红黑漆。

赤面木吞口

清

通高 43.2 厘米，宽 45 厘米，厚 21 厘米

宜都市征集

整体近圆形，额头饰一圆形，双眉作火焰形，黑眼圆瞪，大鼻头，面颊圆鼓，平底。面部大部施红漆，眉眼间施黄漆。

木吞口

清
高 34.2 厘米，宽 32.5 厘米，厚 17.5 厘米
宜都市征集

额头饰一圆饼形凸起，双眼圆瞪，眼珠下镂空，大鼻头，面颊圆鼓，造型怪诞。

方底兽面木吞口

清
高 53 厘米，宽 44.5 厘米，厚 5.5 厘米
宜都市征集

方底，上端附一铁质挂纽，正面浮雕兽面，三角耳，瞪眼，吐舌。

木吞口

清
高 45 厘米，宽 40 厘米，厚 26 厘米
宜都市征集

额头圆鼓，瞪眼，宽鼻，平底。

木吞口

清
高 39 厘米，宽 37 厘米，厚 21.6 厘米
宜都市征集

额头有一圆形凸起，瞪眼，眼珠下镂空，宽鼻。

木吞口

清
高 50 厘米，宽 29.5 厘米，厚 14 厘米
宜都市征集

判官人像，头戴官帽，浓眉，杏眼，眼角上扬，方脸，口微张，两耳甚长。

彩绘人形木雕

近现代

高 44.1 厘米，宽 27 厘米，厚 13.2 厘米

宜都市征集

彩绘齐肩人形，平顶，戴方格纹帽，长脸，长鼻，口微张，满脸涂绿色斑纹，身着左衽花朵纹服饰，平底。

彩绘人形木雕

近现代
高 48 厘米，宽 26 厘米，厚 12 厘米
宜都市征集

彩绘齐肩人形，头戴方格纹帽，瞪眼，口微张，身着左衽服饰，平底。

傩戏面具

近现代
高 23.3 厘米，宽 15.5 厘米，厚 7.6 厘米
宜都市征集

光头，笑脸，长耳，眼、鼻、口、耳皆有镂孔。

傩戏面具

近现代

高 25 厘米，宽 15.5 厘米，厚 9.8 厘米

宜都市征集

头戴平顶帽，笑脸，眼、鼻、口部皆有镂孔。

傩戏面具－佛像

佛首高髻，眼微睁，长耳，面目祥和。器表施仿铜色漆。

近现代
高 30.3 厘米，宽 19.2 厘米，厚 12.4 厘米
宜都市征集

傩戏面具

近现代
高 20.8 厘米，宽 15.1 厘米，厚 7.4 厘米
宜都市征集

额头饰三个圆形凸起，怒眉瞪眼，大鼻，张口，长耳，眼球与口部镂空，头顶饰一周骷髅头，眉、牙、脸、耳部与头饰皆包裹铜片。

卷轴形木雕匾额

清

高 63 厘米，宽 138.5 厘米

宜昌城区征集

整器作卷轴形，其上题有描金的行书祝寿文，四周皆饰镂空花叶纹。匾额主体施朱漆，周围纹饰施黑漆。

浮雕楼阁图插屏

清

通高 78.5 厘米，底座宽 45.5 厘米

宜昌城区征集

长方形屏板插于底座上，正面上部饰浮雕楼阁，下部饰有一马。器表施朱、黑漆。

透雕龙凤戏鲤鱼漆木窗

近现代

通高 65 厘米，宽 48 厘米，厚 4 厘米

宜昌城区征集

横长方形，通体施朱漆，以黑漆描边。窗框内满布透雕纹饰，其中一件主纹为龙戏鲤鱼，左侧附鹿衔花草纹，另一件主纹为凤凰戏鲤鱼，右侧附宝塔花瓶纹。两窗拼合到一起，即可形成完整拱形桥及桥上门楼。

透雕"瓶安"木挂屏

近现代
通高 108.8 厘米 宽 26.5 厘米 厚 2.6 厘米
宜昌城区征集

通体施朱漆，整体呈竖长方形，以镂空竖条纹为地，上、中部饰三组开光面板，自上至下分别刻有人物驯兽、花鸟与鹿纹，下部饰水瓶、莲花纹，纹饰局部施金粉。

透雕跃鹿草叶纹雀替

近现代
通长 70 厘米，宽 58 厘米，厚 4.2 厘米
宜昌城区征集

整体呈直角三角形，器表施朱漆，透雕鹿与草叶纹，鹿朝下跳跃，鹿首回顾。

　　雀替是中国古代特有的一种富有装饰意味的建筑构件。最初是基于力学原理的一种功能构件，之后逐渐发展成为美学构件，具有极强的装饰趣味与深远的文化价值。

彩绘麒麟雀替

整器为一麒麟倒立俯冲向地面，背部、四肢及角施黑漆，其他部分施红漆。

近现代

通高 70 厘米，宽 33 厘米，厚 7 厘米

宜昌城区征集

透雕人物纹雀替

近现代

其一通高 31.7 厘米，长 27.4 厘米，厚 10 厘米.

其二通高 31.5 厘米，长 26.5 厘米，厚 19.8 厘米

宜昌城区征集

整体近方形，透雕人物、卷云、波涛纹饰。

圆雕彩绘仙人执灯雀替

彩绘木雕，竖条形，上部作花叶形，中部圆雕仙人执灯造型，下部饰如意纹。

近现代

其一通高 56 厘米，宽 13 厘米，厚 16 厘米．

其二通高 57.6 厘米，宽 15.5 厘米，厚 13.9 厘米

宜昌城区征集

透雕金漆仙鹤瑞兽雀替

近现代

长 64.1 厘米，宽 18 厘米，厚 6.5 厘米

宜昌城区征集

骑马式雀替，连接于相距较近的两柱之间。其一中部透雕仙鹤、花叶纹，另一件中部透雕瑞兽、花叶纹，纹饰施金漆。

透雕花鸟纹梁柁

近现代

通高 41 厘米，长 22 厘米，厚 14 厘米

宜昌城区征集

金漆透雕仙人御象梁柁

仙人手持笏板，身骑小象，与大象对望，大象四足伏地，口衔莲枝。

近现代

长 47.5 厘米，宽 32.5 厘米，厚 21.5 厘米

宜昌城区征集

圆雕狮子梁柁

近现代

其一长53厘米，宽26.8厘米

其二长53.8厘米，宽31.8厘米

宜昌城区征集

通体为圆雕狮子造型，狮脸侧向一边，大鼻，口含一球，狮足伏地，尾部上翘，浑身布满螺状毛发。

圆雕狮子梁柁

整器作坐立狮子形，张口，颈部挂一铃，侧身，前足直立，后足曲坐。

近现代

其一通高 35 厘米，宽 28 厘米，厚 23.5 厘米，

其二通高 15.5 厘米，宽 25.5 厘米，厚 22 厘米

宜昌城区征集

杨守敬行书贴金木质对联

清

长 222 厘米，宽 28.5 厘米，厚 2.4 厘米

宜昌城区征集

长方形，正面弧凸，背面内凹，正面施黑漆，阴刻行书文字贴金。对联内容为：劲笋穿篱斜长竹，弱藤贴地卧开花。下联落款"杨守敬"，钤印朱文"杨守敬""邻苏老人"。

彩绘官仕纹床眉

近现代
长 195 厘米，宽 25 厘米，厚 7.2 厘米
宜昌城区征集

长条形，通体施朱漆，彩绘纹饰，纹饰左右对称布局，浮雕、透雕并用，反映官仕府邸场景，刻画有大堂、亭台、骏马、花叶等图案。

彩绘浮雕官仕纹床眉

中华民国
长 205 厘米，宽 23.2 厘米，厚 2.6 厘米
宜昌城区征集

长条形，通体施朱漆，纹饰施金粉。纹饰左右对称布局，反映官仕府邸场景，浮雕有官仕、亭台、花鸟等图案。

透雕双龙戏珠床眉

近现代
长 165 厘米，宽 40 厘米，厚 24 厘米
宜昌城区征集

通体施朱漆，船形底板，中部凹凹，其上透雕双龙戏珠图案，中心一宝珠，两侧龙尾相对，龙身向外，龙首回顾。

透雕双龙戏珠床眉

近现代

长 175 厘米，宽 53.5 厘米，厚 14.2 厘米

宜昌城区征集

通体施朱漆，船形，透雕双龙戏珠图案，中心一宝珠，两侧龙尾相对，龙身向外，龙首回顾。

透雕金粉双龙戏珠床眉

近现代

长 290 厘米，宽 79.4 厘米，厚 7.5 厘米

宜昌城区征集

通体略呈冠形，中间高两端低，以花叶纹为地，透雕双龙戏珠图案，中心一桃形宝珠，两侧龙首相对，龙尾向外。双龙与宝珠施金粉。

木质龙舟龙头与龙尾

清
龙头高 43.5 厘米，长 80.5 厘米，宽 31.5 厘米
远安县征集

龙头整体圆润饱满，张口吐舌，通体深棕色，龙眼黑紫色，龙口及舌暗红色。龙头多处阴刻线条装饰，龙颈部有与船身相连的榫头。龙尾略微上翘，通体亦施深棕色漆，饰菱形鳞片。一端有与船身相连的榫头。

乐氏大成谱位

近现代

长 68.3 厘米，宽 40.5 厘米，厚 2 厘米

宜都市征集

整体略呈圭形，顶部为火焰纹造型，其下为"乐氏大成谱位"六字，两侧饰浮雕双龙戏珠纹。谱位下方饰浮雕莲花纹，底部有子母口插口。

家具

木雕神龛春台

清
通高 286 厘米，通长 167 厘米，春台高 110 厘米，宽 36 厘米
宜都市征集

上部为神龛，下部为春台。神龛整体作牌楼状，庑殿顶，中部从上至下饰浅浮雕双龙戏珠、蝙蝠、福禄寿三星、凤纹图案，边缘饰缠枝花卉纹。神龛中部有横批"慎终追远"，中部两根门柱上有上下联"神所凭依惟在德"、"祖之来享视其诚"。春台案面两端上翘，正面浮雕神兽花卉纹，下缘饰云雷纹与花叶纹，正面两足作兽蹄形，各浮雕一雄狮，狮足抱球，后面两足为方柱形。

朱漆平头春台

近现代
通高 105 厘米，长 193 厘米，宽 52.5 厘米
宜都市征集

通体施朱漆。案面平直。四个抽屉把手丢失，后配现代瓷质把手，抽屉面板均饰有阳刻开光花鸟纹，抽屉两侧饰透雕花草纹，抽屉下方中部饰鼠戏葡萄纹，两侧饰蝙蝠纹。正面两足作直角云雷形，外圈施黑漆。矮拖泥，后面两足为方柱形。

朱漆平头春台

近现代
通高 102.5 厘米，通长 208 厘米，通宽 38.5 厘米
宜都市征集

通体施朱漆。案面平直，正面上方五个抽屉，抽屉门上饰浮雕花草纹。并各有一个半圆形铜质把手。下缘中部饰浮雕鼠戏葡萄纹，寓意多子多福，两侧为蝙蝠纹。正面两足作直角云雷形，后面两足为方柱形。

黑漆翘头春台

近现代

通高126厘米，通长305.5厘米，宽47.5厘米

枝江征集

通体施黑漆。台面两端上翘，其上分别浅浮雕鹿和凤形图案。正面上方为五个抽屉，每个抽屉面板中部有菱形凸起，正中嵌一铜钱，分别为：熙宁重宝、熙宁重宝、崇宁重宝、元丰通宝、元丰通宝。抽屉两侧镂空凤首。下方饰浮雕麒麟花卉纹。正面两蹄足上部浮雕花卉纹，下部作铜钱形，后两足为方柱形。

红漆花草纹翘头春台

近现代
长 154.5 厘米, 宽 47.3 厘米, 高 78 厘米
枝江征集

台面两端上翘。正面上部两侧为两个抽屉，抽屉原把手缺失，后配瓷质把手，中部为一假抽屉，抽屉面板浮雕花草纹。抽屉两边及下方透雕花草纹。正面两足略呈蹄形，后面两足为方柱形。

黑漆金粉翘头春台

近现代

通高 114 厘米，长 258 厘米，宽 39 厘米

宜都市征集

通体施黑漆。案面两端上翘。正面左右两侧为两个真抽屉，各有一圆形拉手，中间为两个假抽屉。抽屉上刻四组描金人物图，正面下缘为弧形，饰描金双龙花卉纹。正面两足作兽蹄形，矮拖泥，后两足为方柱形。

黑漆雕花圆桌

近现代
通高 74 厘米，通宽 100 厘米，桌面直径 94 厘米
宜都市征集

圆形，六蹄足，蹄足中部饰浅浮雕蝉纹，下部蹄爪刻画细致，各握一浮雕钱纹组成的圆球。六蹄足踏于镂空几何图案的圆盘形拖泥上，拖泥又由六个矮足支撑。

透雕福禄寿官帽椅

清
通高 119 厘米，坐高 52.5 厘米，通长 66 厘米，通宽 58 厘米
宜都市征集
————

靠背顶部呈弧形，两端浮雕卷云纹，靠背从上至下镂刻"福"字、梅花鹿、寿桃。两侧扶手顶端浮雕卷云纹外撇。

透雕福禄寿官帽椅

近现代

通高 114 厘米，坐高 55 厘米，通长 67 厘米，通宽 55 厘米

宜都市征集

红漆。坐板内凹。靠背顶部呈弧形，从上至下镂空花卉纹、梅花鹿、寿桃。两侧扶手呈弧形。

雕花木质脸盆架

近现代

通高 153 厘米，台面高 71 厘米

远安县征集

器表施红漆。六足六边形台面，长条形背靠架，架顶左右两侧分别饰一龙首、一凤首，其下分为三栏，上两格分别饰透雕鸟叶纹、麒麟纹，左右两侧透雕变体花瓣纹，下部一格镂空，台面正中一八瓣花纹。

竹质脸盆架

近现代

通高 143 厘米，台面高 60.5 厘米

远安县征集

竹质。六边形台面，长条形背靠架，平顶，上侧镶嵌一圆形镜子，中部一小方形托盘伸出以承肥皂。台面侧边各饰一个"回"字形图案。六足中有一足中间空缺，或为便于放置多余脸盆。

木质求雨神龛

清

通高 150.5 厘米，通长 70.9 厘米，通宽 59 厘米，
其内神像高 90 厘米

宜都市征集

四角攒尖顶，三层宝顶，四角各挂一铜铃铛。神龛正面上部阴刻"光照万古"，中部开窗，窗上、左、右三面饰一屈阴刻花叶纹，窗下部正中一长管状铁制香插，左右各有一龙首。神龛两侧阳刻八仙图及镂空钱纹。背面两侧各有一龙首。中部四角各有一半环形铁钩用于插杠抬龛。器体纹饰与题款部分皆为金丝楠木。龛内为黑色坐像（疑为北极大帝），头戴官帽，颈部戴两串佛珠，双手合抱于胸前。抬杆缺失。

硬衣式朱漆金粉木雕抬轿

清
通高 192 厘米，轿身长 100.5 厘米，宽 82 厘米
宜都市征集

硬衣式。轿顶为黑色盔顶，双层球形雕花宝顶。轿顶四角上下各有一组龙首、凤首雕刻，凤首朝下。方形朱红色轿身，正面为对开格扇门，上部透雕八仙图，中部阳刻神兽，下部阳刻"子女合好""日月同明"，门两侧阳刻花叶纹。一侧面上部阳刻"衣锦还乡"图和花鸟图，中部阳刻三组麒麟送子、龙凤呈祥、喜上眉梢图，下部两组阴刻花草纹。另一侧面上部阳刻婚嫁图及花鸟图，中部阳刻三组麒麟送子、龙凤呈祥、喜上眉梢图，下部两组阴刻花草纹。背面上部中间一长方形透雕花草纹小窗，左右两侧透雕花草纹，小窗下方一组阳刻"佛堂拜母"图，中部阳刻鸟兽纹，下部两组阴刻花草纹。纹饰表面描金。轿身前后各有两个方孔用来插入抬杆，抬杆已缺失。

花轿有"硬衣式"和"软衣式"两种。硬衣式指花轿的全身都是木制结构，造型类似四方四角出檐的宝塔顶形。在我国的南方地区比较流行。软衣式花轿流行于我国的北方地区。它是在轿框的四周罩以红色的绫罗帷幕，这种红色的帷幕称为轿帏。

  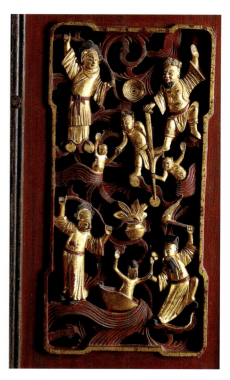

雕花朱漆木抬盒

清
通高 96 厘米，通长 85 厘米，通宽 57 厘米
宜都市征集

抬盒共五层，抬杆缺失。主体施朱漆，边框施黑漆。抬盒上部一面饰浮雕神兽花卉图、童戏图、麒麟凤凰图，另一面饰浮雕猴戏图、曹操赠马图、神兽花卉图。抬盒前后侧中部饰浮雕仕女图，上部饰中空葵花纹，下部饰镂空福寿图，两边饰透雕花卉纹。

抬盒是中国古代民间婚娶时所用的礼盒，流行于四川的川西、川东一带。木质，施朱漆。因其由二人共抬，故称为抬盒。

生活用具

朱漆金粉木雕化妆盒

清

通高 26.7 厘米，底长 41 厘米，宽 30 厘米

宜都市征集

长方形，顶盖揭起为镜框。盒体分为两层，上层分三格，下层一格，前侧为两扇对开小门，并有一副铜锁。盖顶及盒体左右两侧、小门皆饰描金浮雕人物花卉图案。

木首饰盒

清

通高 19 厘米，底长 29 厘米，宽 23.3 厘米

宜都市征集

金丝楠木制成。长方形，三层抽屉，下部两层各有一双石榴纹铜锁，锁两侧各一圆形铜质拉纽，盒体两侧各有一弧形铜质提环。

木首饰盒

清

通高 19 厘米，长 13.3 厘米，宽 10.9 厘米

宜都市征集

金丝楠木制成。长方形，顶部有桥形提手，两层抽屉，每层各有一铜质拉环。

六承拖漆木盘

清

长 34 厘米，宽 22 厘米，高 7.5 厘米

远安县征集

器表施朱漆，以黑漆描边，长方形盘面有六个黑漆下凹承托，其间满刻描金花草纹，如意形牙口，四矮蹄足。

圆形寿字纹朱漆木盒

清

直径 31.5 厘米，高 6.5 厘米

远安县征集

通体施朱漆。扁体圆形，上下为平面，侧面弧曲，盒盖与盒身形制相同，以子母口扣合。盖面中部刻有寿字纹，外围刻有花草纹。

木淘金斗

近现代

通高 17.7 厘米，长 50.5 厘米，宽 38 厘米，

宜昌城区征集

方口，斗腹两面斜收至底部形成一条直线，另两面为直立的倒三角形，并附有一对铁质衔环

木斗

中华民国

通高 28.5 厘米，上口边长 16 厘米，底边长 33 厘米

远安县征集

器表施朱漆，方口，方腹，口部至下腹逐渐变宽，腹中部有一对半圆柱形把手。

竹编提盒

近现代

通高 33 厘米

远安县征集

盒身呈圆角方形，使用人字形编制方法，底部以一周宽扁竹片承托，长方形提手亦由一条宽扁竹片制成，下部与底托相接，方形盖。提手两侧有"何光贤"款。

镶铜花牛号角

近现代

通长 23 厘米，通宽 10 厘米，厚 4.5 厘米

远安县征集

喇叭口镶铜片及铜花装饰，号身镶嵌有 2 朵铜花，吹嘴端饰有一束箍。

石雕石刻

如意形浮雕神兽纹抱鼓石

近现代

鼓面直径 42.5 厘米，底座长 76 厘米、宽 23 厘米，通高 71 厘米

远安县征集

鼓面两侧分别浮雕凤凰和麒麟，长方形门槛槽，梯形海窝。方形底座，底座两面均浮雕水波纹与马纹。

抱鼓石是门枕石的一种，特指门坎石朝外的一侧雕成鼓形的门枕石。抱鼓石以其前部巨大的造型一方面更好的起到了稳固门槛及门板转轴的作用；另一方面也极具装饰功能。抱鼓石根据造型可分为如意形和螺蚌形。

如意形抱鼓石

清

通高 62 厘米，厚 8 厘米

夷陵区征集

鼓面阳刻放射状旋纹，底座下凹环抱鼓身，底座两侧饰阳刻鲤鱼跳龙门图案。

如意形抱鼓石

清

通高 62 厘米、厚 8 厘米

夷陵区征集

鼓面阳刻八瓣花；底座下凹环抱鼓身，两面皆饰阳刻水波鱼纹。

八棱形石雕井圈

清
高 43 厘米, 口径 60 厘米, 腹径 77 厘米
宜都市征集

八棱形, 鼓腹, 其中四面饰浮雕麒麟、鹿等瑞兽图案。

宜昌关石匾

一级文物

清

长 159 厘米，宽 63 厘米，厚 11 厘米

原宜昌市文物处移交

石质，长方形，从右至左阴刻楷书"宜昌关"三字，字体涂黄漆。左下角缺损。此匾原嵌于清晚期宜昌海关的大门上，是宜昌近代开埠通商历史的重要实物见证。

莲鹤纹石雕

横长方形，正面中部内凹，饰浮雕莲鹤纹。两侧各有一截榫头。

清
长 97 厘米，高 46 厘米，厚 9 厘米
宜都市征集

节坊石匾

清

横 188 厘米、纵 71 厘米、厚 14 厘米

原宜昌市文物处移交

横长方形，左侧残。正面四周浮雕花纹，右侧阴刻"乾隆五十一年岁次丙午"，中部阳刻"节坊"，左下部阴刻"吉旦"。

八仙过海图石香炉

清

长 213.5 厘米，宽 69.5 厘米，高 60.3 厘米

宜都市征集

长方形口，束颈，鼓腹，下腹两端弧收至底作卷云状，平底。口沿外饰一周浮雕八仙法器图案，腹部较长两面分饰浮雕八仙过海图案与双龙图案。

圣旨石碑帽

清
高 80 厘米，宽 64.5 厘米，厚 17 厘米
宜都市征集

整体略近方形，上部左右角斜切，正面中部有"圣旨"二字，其两侧四龙相对而立，上部二龙前爪共抱一球，背面上部为庑殿顶造型，中部为"节励松筠"四字与两个跨立的力士形象。

福禄寿三星石碑

清

高 99 厘米，宽 53 厘米，厚 10 厘米

宜昌城区征集

竖长方形，正面浅浮雕福禄寿三星，禄星居中而较高，福、寿星居于两侧而较矮。

川货卖帮公议针称章程石碑

清同治五年（1866年）

残高80厘米、残宽73厘米、厚10厘米

宜昌城区采集

长方形，下部残。正面上部阴刻楷书"川货卖帮公议针称章程"。其下为章程具体内容。左侧落款"同治五年岁次丙寅"。

章程内容：□闻天下开设市□原□商贾□更□建置……皆然但宜昌一□楚蜀适衢关津要道其顺流……□□□南地厚民淳故商□云集来斯境者人……□□按时作价□□□卖客□而扬盘当面□……尽美尽善矣……有高低□一推……不能归一则权□□可以不□也□爰集……川广□□增善制明曰刀□下子针称……存三元宫十……较□□昭画……今将条款□列于后 一议存三元宫川货公议□□两三钱针称…… 一议铸铁制子一百斤一□五十斤二□……一议川货十七两三钱公称广货行各散一……一议□货规例仍照旧章卖上□件定要请公……一议川货所售钱没□□□厘金钱二文售……一议每年王爷圣诞□□戏敬 神凡我……一议每月□称□要称店□到场每年给辛力钱……一议三元宫和尚稽查照管针称制码每年给辛……一议□□货取称要执牌子至三元宫取不得无牌私……一议未卖之货起坡寄存驳船上□号方知……庙之建修由来久矣因遭回禄从新建造工用……

创修镇江阁记石碑

清康熙三十八年（1684年）
高65.5厘米，残宽62厘米，厚14.5厘米
宜昌城区采集

长方形。碑文内容为阴刻楷书《创修镇江阁记》，落款"康熙三十八年嘉平月吉立"。

记文内容： 窃以粮食为日用之必需 所关于人生者甚大 而于商务犹为不可缺乏者也 彝（夷）陵扼荆襄门户川楚咽喉 商贾辐辏 舟船云集 而本地粮食出产无多 大半仰赖河道来源以资接济 故粮食交易向有水陆之分 惟我河道粮食一业由各家祖辈于明末创始□容经济买卖评议价目于中抽取佣金 迨今子孙继承已历数世相沿 无异惜乎 交易从无一定处所 以致客商均称不便 是以公同□议□资择定西塞门外河街适中之处于康熙三十六年腊月购置基地房产一段以作同业公共交易之所 此屋计费价银一百二十两正 由业主陈启芳立有永卖文约可凭 旋以该屋朽坏不堪 复于次秋鸠工改造 越一年告成 因念生意来源在于河道 须求水上之平安 爰将公所命名为镇江阁 于内供奉镇江王爷福禄财神香位 每届三月十五 六月初六即为同人酬神集会之期 以使公议一切应兴应革事宜 从此同业代客买卖皆于公所交易 已不致再如前此之漫散矣 惟事属创始 故勒石略记梗概 务望谨守规章 始终如一同德同心众志成城 则事业蒸蒸日上传之永久 庶（庶）不负一番创始之艰难耳 是为记 承修首人周仁和 罗裕顺 毛泰和 胡茂盛 毛公和 陈隆盛 张福顺 万新泰

卖房文约石碑

清嘉庆十一年（1806 年）

高 107.5 厘米，宽 51 厘米，厚 10 厘米

宜昌城区采集

竖长方形。碑文为阴刻楷书卖房文约，下部文字满灭，落款"嘉庆拾一年……"。

文约内容： 立示卖房屋□面基地文约人炼圣照今有祖道基地房屋……坐北朝南座落府正街 今因别置父子公孙商议情愿请……内说合出卖与鲁班庙会首人龙咸章李凤书张名扬等……巨成圣殿当日得受会首等特值价纹银二百一十六……□姓□子公孙□□明白其界 前抵街心后抵本庙丫基地……□□□抵巷心四界明白 自卖之后屋内所有铺面塆□□……□□□□□买主所毁修造日□炼姓永无异言实係……亲人等□□□□□有异言有炼姓一面承当不与买主相干 恐示□□□□□付与鲁班庙文执为□……

特授东湖县正堂加三级记录石碑

清

残长 145 厘米，横 70 厘米，厚 12 厘米

宜昌城区采集

竖长方形，顶部残损。碑文为阴刻楷书《特授东湖县正堂加三级记录》，落款"二年四月二十六日 晓谕"。

记录内容：……特授东湖县正堂加三级记录二次斯……事□四关应左铁铺匠头业与余李正顺廖和顺张万盛陈茂盛杨万顺不与发杨义兴等于本年四月廿六日公众赏示晓谕在□嗣后来□匠□街贩卖造货谁夺抗不应差致于戾咎偏其仍蹈前辙许□□颐等指名□……党……治决不姑宽等谕其各□遵无违特示 今将公恳告示并妥议章程一并刊碑遵行……各……应如有违抗送案惩治 ……路卖铁货等物者应宜照众应差方准上街卖货 如不应差强行售卖籍以上败为名 扭禀送案 ……铺户照旧捐入会钱十二串 其有已入老会钱文未清者作罢谕□此按照重立章程领□方可开贸外□应差钱□串 酒席五张 神戏□台 违者执之……首人逐年更换□会际用□外当众交出不准存留 如有余钱生息公同另借他人不准私借会内之人 违者受罚 ……年会期没人帮酒席……一百廿不到者□出香钱八十其师友每□朔望仍照乎常做工 违者受罚 ……不准习唆师友另帮其工价不准长月 如有通融还请者方准另帮违者受罚……准借炉造货钉盘上街其者门西应差者方准一人一盘上街无门面者不准至背架上街 定以虫月初一起至卅止余月不准违者受罚……每年帮差钱八百按两□交□□收存以备应差运用不得因路远推诿□不帮差违者受罚……后人准其开贸无后人听其推当其钱一半入会一半以作本人□资又有已开领开者每家每日捐钱三文 交首人收存歇业者不捐 违者受罚……之杨□与今已照众入会在会者不得异言祸□有□卖铁货之家仿照杨姓入会又有林马掌司务潘士金业已照众入会嗣后有同艺者亦照章遵理……只有应入会有不应入会者……等铺户并师友等不准□做……货违者受罚 蔡大祸周□顺……

宜昌市行川领江工会会规石碑刻

1930 年

残高 65 厘米，残宽 57 厘米，厚 16 厘米

宜昌城区采集

竖长方形，左下部残缺。碑上部从右至左阴刻楷书"永垂千古"，碑文内容为阴刻楷书《宜昌市行川领江工会会（规）》，落款"中华民国拾玖年五月"。

会规内容： 宜昌市行川领江工会会…… 第一条 本规程依据第八次会员大会决议案制…… 会团体杜绝工作争端为宗旨 第三条 凡本会……条 凡本会会员领有□照者无论正□□□均有……份起诉□各会员工食全数□会员大会议决规定……六条 凡本会会员无论就职或赋闲均以工作为……在各轮服□者另行加提□贴□领江每月六十……水尺双薪年关双薪及□帐均由服务领江……举代表协订合同担负全责 第九条 本规程……该帮代表是问 第十条 本规程第六条所云……负责处理其组织及办事细则另定之 第十一……分呈市党部即地方官厅备案 第十二条本……总工会整理委员会核准施行 川楚同人 王鹤龄 宋宏歧……英进三 姜宏发……周兴才 莫家王……黄金山 杨华卿……皮光福 乔士儒……

迪功郎鹿溪宗公石墓志

明嘉靖丙午年（1546 年）
边长 51.5 厘米，厚 13 厘米
宜昌城区采集

正方形，正面阴刻篆书"迪功郎鹿溪宗公墓志铭"，落款"嘉靖丙午三月吉日立"。

振威将军王公家琳石墓志

清
盖石边长 48 厘米，厚 12 厘米，铭石边长 48 厘米，厚 16 厘米
夷陵区采集

青石。由盖石及铭石组成，正方形，盖石母口，铭石子口。盖石阴刻篆书"清振威将军河南河北总兵官王公墓誌"，铭石阴刻楷书《清封振威将军河南河北总兵官王公墓誌铭》，落款"东湖石工朱世万镌"。

志文内容：清封振威将军河南河北总兵官王公墓誌铭 知府□署理宜昌府同知王肇基撰文并书丹 公讳家琳字朗齐太湖县人曾祖应选生员祖天□监生考大猷生□均 封振威将军嫡母吕生母罗均 封一品太夫人昆季三公为仲□家道光庚辰进士□蓝翎侍卫出为贵州平远营守备累迁至湖北施南副将咸丰二年摄宜昌总兵纂粤逆□湖南奉□会□以偏师□安仁围长沙之役屡与提督向公荣犄角著功因有河北总兵之命三年接纂永城就讨捻逆主将与不相能巫□战□阵伤服□救归事闻 命向籍□创公之出师家属寓宜昌 遂于是年冬就寓而以同治二年九月初六日薨 公素爱士卒镇宜昌适军兴饷缺出私橐千金赡兵食岁饥捐廉倡赈郡民赖安□战□头洲也兵失利属弁姬圣□素忠勇殒为公哭之三日授官补职必以功 有亲属从之数十年□得一职终不可恩法明故能得士心战辄乐输死难深入遇伏卒脱险旧属兵弁及士民至今多感道者肇基始来宜昌犹及见公□暂美酾酒如也足颓□语尝以身病不能□□为恨呜呼使得不制于人而寄仁专□建竖安有际哉公以同治元年覃恩封振威将军元配黄先公廿年殁继室陈均 封一品夫人子三□佐□生湖北候补通判出副室徐太安人邦全从九职邦定湖北候补从九出陈夫人女一出副室杨太孺人适东湖拔贡生杨钟麟孙二志瀛邦佐出志沂邦全出公生于嘉庆五年十二月十八日寅时享年六十有四其始薨也□□丧先茔权殡马时既淹久不能归乃以同治十一年十月四日葬公于宜昌城东北五里常家湾迁作卯山酉向兼甲山庚向幺子以铭请铭口□也而绊其足车也而脱其辐弗获乎帅而骥于卒其以峥略之未张者遗后嗣福 东湖石工朱世万镌

皮影

《寒江关》皮影

近现代

宜都市征集

宜昌皮影主要分布于夷陵区分乡、秭归、远安、当阳等地区，一般由牛皮制作，表面涂红、黄、绿、青、黑等颜色，高50至60厘米，采用镂刻工艺，制作精细、色彩鲜明，形象生动，配合唢呐、打击乐器与各式唱腔进行表演，具有浓郁的地方特色与较高的艺术价值。

《雷天安打虎》皮影

近现代
远安县征集

皮影戏剧目牌

长方形，正反面皆为楷书皮影剧目名。

近现代

宜都市征集